AF283550

Tania Álvarez Kowolsky

APULEYO EDICIONES   FOMENTO DE VALORES   CUENTOS ILUSTRADOS

LETO
EL ÁRBOL CONTENTO

APULEYO EDICIONES   FOMENTO DE VALORES   CUENTOS ILUSTRADOS

Para ti, Eydan, mi pequeño cacahuete,
para que sigas siendo eternamente
ese niño especial que cambió mi mundo.

Existía un lugar lleno de mariposas en el que todos reían cuando las agujas del reloj marcaban las tres en punto.

Allí vivía la familia Arborius Arboletos.

Todos tenían la suerte de estar cerca y poder estirar sus ramas para abrazarse.

El único que estaba separado era el pequeño Leto.

Era un árbol feliz y especial, daba más sombra que ninguno.

Al principio se sentía raro y diferente, estaba más separado de su familia y era el más grande de sus hermanos.

Cuando las ardillas correteaban por sus ramas, los pájaros anidaban en su copa y los niños dormían la siesta junto a él, se ponía contento.

Así aprendió que cada uno es diferente y especial por alguna cosa.

Un día se despertaron asustados.

Unos señores hablaban muy alto y tenían herramientas muy feas.

Los árboles mayores empezaron a gritar, pero los señores solo escucharon un fuerte viento.

Leto no sabía qué pasaba. Algo frío estaba cortando su ropa y la corteza empezó a caer.

Después sintió mucho dolor y cayó al suelo.

Al mirar hacia un lado, vio que sus pies seguían quietos donde llevaban años.

Su familia lloraba mucho, no había mariposas ni risas.

Él les gritaba que le dolía menos, que sus heridas se curarían con el tiempo.

Pero su voz no salía...

Los señores se llevaron a Leto en un camión muy grande y todos se quedaron muy tristes.

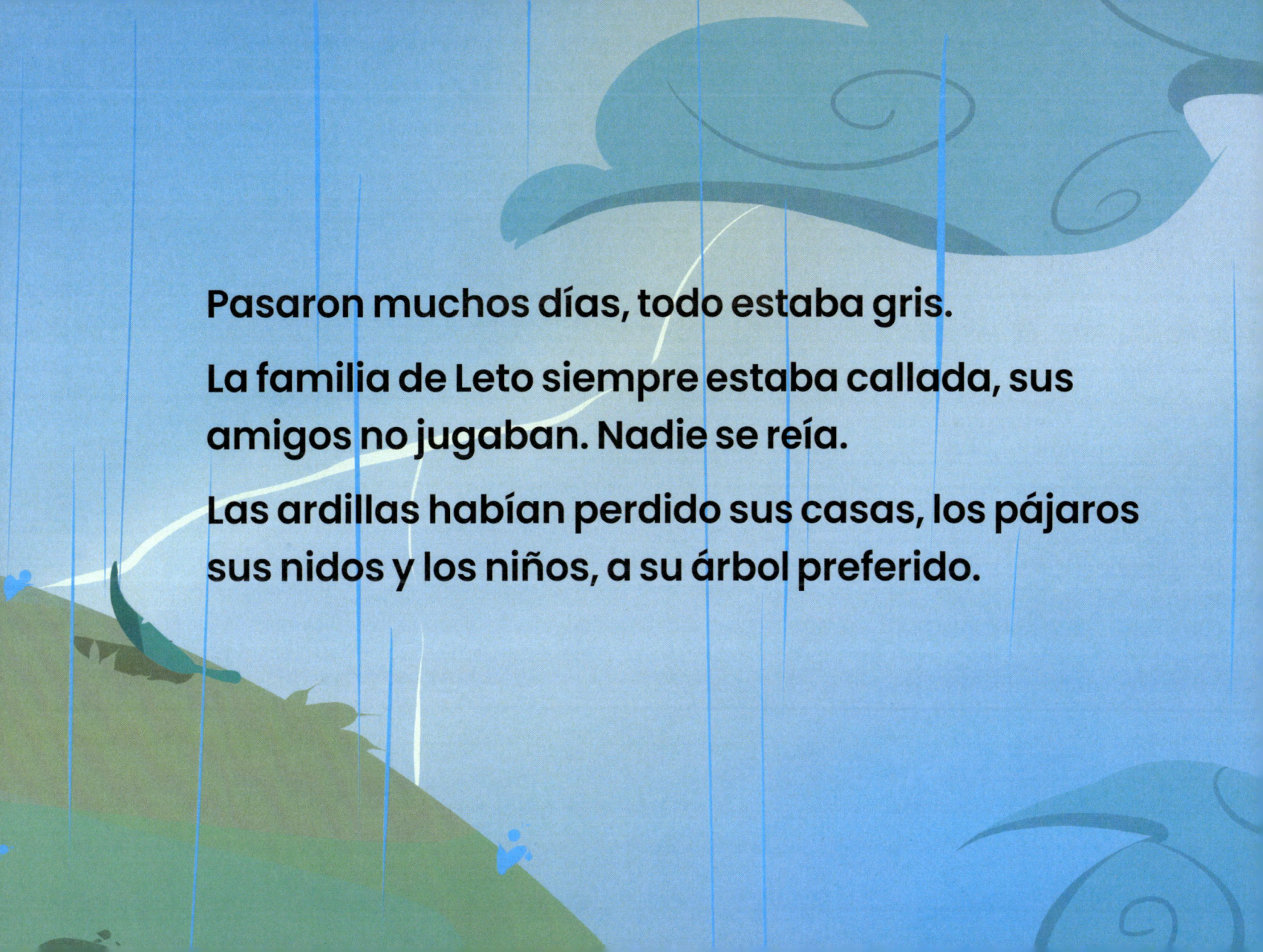

Pasaron muchos días, todo estaba gris.

La familia de Leto siempre estaba callada, sus amigos no jugaban. Nadie se reía.

Las ardillas habían perdido sus casas, los pájaros sus nidos y los niños, a su árbol preferido.

Aquel lugar no volvió a ser el mismo, sin la sombra y los colores de Leto estaba muy vacío.

Esos señores tuvieron que talarlo porque el viento enfadado lo iba a partir. Era muy alto y un día no aguantaría.

Solo quedó un trozo de su tronco, que les decía que estuvieran contentos. Pero, hablaba tan bajito que la tristeza no les dejaba escuchar.

De pronto, unos alegres niños vieron una rama nueva que brotaba del tronco de Leto.

Inventaron una regadera mágica para convertir la tristeza en alegría y poder escucharlo.

Los niños vieron unas bolitas y unas hojas de colores tiradas por el suelo. ¡Eran semillas y hojas de Leto!

Junto a sus mamás y papás pensaron que sería una gran idea enterrarlas y regarlas con la regadera mágica. ¿Qué pasaría entonces?

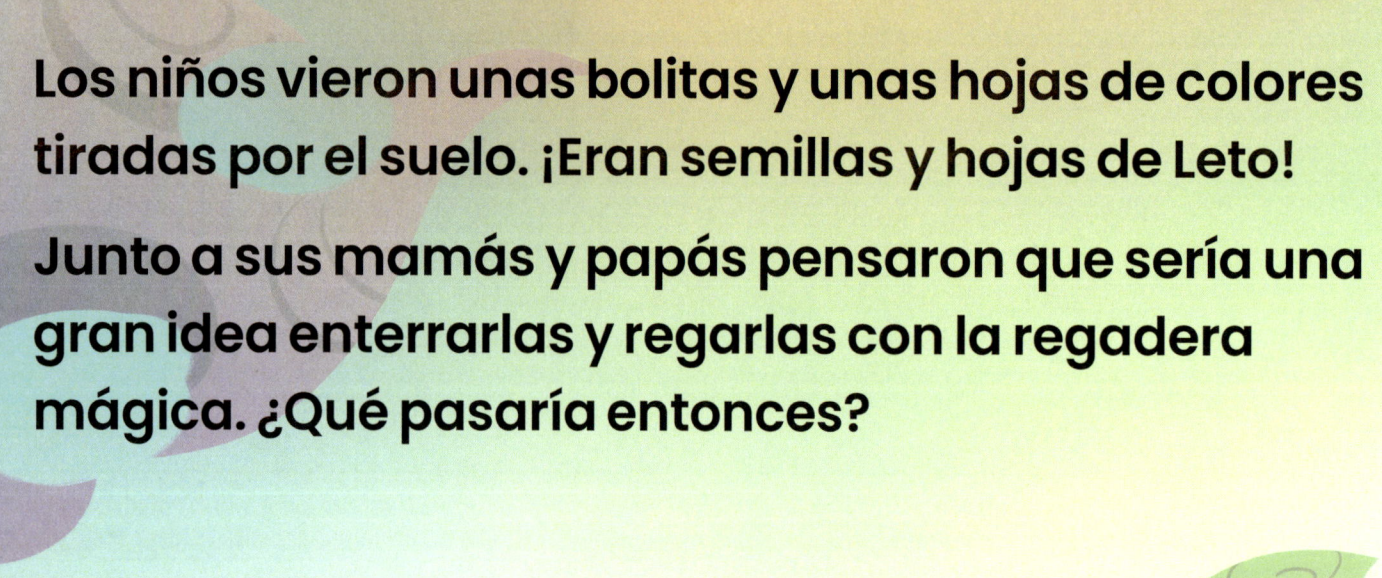

Tras unos meses, los niños fueron corriendo a ver a Leto.

¡Qué sorpresa! ¡Habían nacido muchos arbolitos!

Todos eran diferentes, pero mantenían su esencia.

Eran alegres, coloridos y, sobre todo, se querían mucho, estuvieran cerca o lejos.

Deseaban crecer rápido para volver a dar casa a los pájaros y ardillas, sombra a los niños y a colorear el bosque con su alegría.

Leto gritó de nuevo: "¡Amigos, sonreíd! ¡Sigo aquí! Mis raíces están bien y ya no me duele nada".

¡Por fin lo escucharon! Ahora servía de asiento a personas que paseaban, todos miraban entretenidos cuántos círculos tenía su tronco y le hacían muchas fotos.

Volvía a sentirse diferente. ¡Era famoso!

Todos sus amigos lo aceptaban y lo querían, aunque ya no fuese igual que ellos.

Hay que querer a cada uno como es y hacer que todo el mundo sonría y se sienta feliz, seamos iguales o diferentes.

© Tania Álvarez Kowolsky (de la obra)
© Apuleyo Ediciones (de esta edición)
Primera edición en Apuleyo Ediciones: Diciembre 2024
Diseño de cubierta: Alejandro Rosas
Corrección: Aitor Andreu Guerrero
Maquetación: Alejandro Rosas
Ilustraciones: Adrian Pereira
Coordinación editorial: Isidoro Cidre González
info@apuleyoediciones.com
www.apuleyoediciones.com
ISBN: 978-84-1060-335-6
Depósito legal: H 373-2024

Hecho e impreso en España.